Încredere în sine și MOTIVAȚIE

CASIAN FLAVIUS DOMNARIU

Casian Flavius Domnariu

Cum să crești încrederea în sine și motivația

Dacă această carte te-a interesat și dorești să te menținem informat, abonează-te la canalul nostru de YouTube cafladoBooks și urmărește-ne pe @cafladobooksro

Cartea a fost dezvoltată pe baza informațiilor și a colaborării cu alți autori anonimi.

Cum să crești încrederea în sine și motivația
Casian Flavius Domnariu
ISBN: 978-9945-18-062-6

Titlul original:
Cómo aumentar tu autoconfianza y motivación

Contact:
E-mail: domnariucasian@yahoo.com

Aspect și desen de copertă:
Amado Santana (amado_alexiss@yahoo.com)

Cuprins

”Mintea Supremă este o coordonare a cunoștințelor și eforturilor, în spiritul armoniei, între doi sau mai mulți oameni, în vederea atingerii unui scop clar”.

Napoleon Hill

INTRODUCERE

Succesul, ca și fericirea, este o căutare individuală. Îmi imaginez că toată lumea își dorește, atât succesul, cât și fericirea. Dar, din păcate, nu toată lumea le caută!

De ani de zile, am fost învățați că succesul este de a face o grămadă de bani. Aceasta este și ceea ce părinții își învață din neatenție copiii și, la rândul lor, și ei vor transmite această nebunie copiilor lor. Poate că nu ți-ai auzit niciodată părinții vorbind despre succes. Dar nu este adevărat că de multe ori te-au încurajat să devii avocat sau medic, inginer sau arhitect, electrician sau mecanic auto, cu mult înainte de a fi suficient de matur pentru a înțelege sau a ști la ce te pricepi cu adevărat?

De ce credeți că se întâmplă acest lucru? Proeminența asociată cu aceste locuri de muncă poate fi doar o parte din motivele pentru care ne împingem subtil copiii în accesată direcție. Dar, în cea mai mare parte, sunt banii pe care îi găsesc atrăgători. Chiar dacă ei sau copiii lor au realizări în domeniile lor respective de experiență, dar se luptă financiar, le este greu să considere acest lucru ca pe un succes.

Dacă, într-adevăr, a fi stabil sau chiar a fi bine din punct de vedere financiar este adesea rezultatul multor activități și al muncii asidue, atunci nu este singura măsură adevărată a succesului. Nu există nicio satisfacție reală de a fi bogat, dacă nu ne bucurăm cu adevărat de ceea ce facem. Cu toate acestea, dacă te străduiești să te descurci până la sfârșitul lunii, este firesc să-ți dorești o viață mai bună pentru tine și copiii tăi. Nu te-aș încuraja niciodată să încetezi să te străduiești să câștigi suficient pentru a avea grijă de nevoile familiei tale. Dar când fericirea ta și chiar afecțiunea pe care o ai pentru copiii tăi depind doar de bogăție sau de bunuri materiale, trebuie să spun asta: Ce face cu adevărat o persoană să aibă succes?

Multe dintre cele mai strălucite minți ale oricărei generații au petrecut orice timp le-a mai rămas după realizările lor urmărind cu disperare secretul succesului. După ce au realizat lucruri atât de mari, ei au căutat acum să împărtășească lumii secretul succeselor lor. După ce au analizat și infirmat multe teorii despre aceasta, mulți au renunțat fără a găsi cu adevărat un răspuns. Altora li s-a permis să creadă că secretul succesului constă în "cărțile norocoase" care ne sunt împărțite sau în oportunitățile care ni se ivesc în viață. Totuși, alții sunt de părere că genetica va determina cât de mult succes poate să aibă cineva.

Cu toții ne imaginăm lucrurile mărețe pe care copiii noștri le vor face, spune și realiza înainte de a fi concepuți. Iar atunci când acești copii se nasc, facem tot posibilul pentru a le oferi cel mai bun "start" posibil la ceea ce sperăm că va fi o viață de succes. Unii dintre acești copii se vor naște din părinți cu o mare bogăție, în timp ce alții vor trebui să se lupte cu resurse financiare extrem de limitate. Dar nimeni nu știe sigur care dintre ei vor reuși. Deci, care este cu adevărat cheia succesului? ÎNCREDERE ÎN SINE și MOTIVAȚIE!

Este imposibil să reușești pur și simplu făcând suficient pentru a supraviețui. Oricine poate fi mediu (din punct de vedere al poziției). Dacă obiectivul tău este să reușești, trebuie să ai o dorință atât de arzătoare de a fi primul, de a face mai mult sau chiar de a face mai bine, încât să te doară și să nu te oprești din a lucra la aceste obiective. Aspirațiile tale ar trebui să te salute în fiecare dimineață și să danseze delicat în visele tale în fiecare seară. Și indiferent de obstacolul care se prezintă, vei continua să-ți spui mereu: Nu mă pot opri! și, Nu voi renunța!

Acest tip de dorință arzătoare este ceea ce eu numesc motivație. Încrederea în sine și motivația sunt forțele care ne obligă să ne străduim pentru succes, ne ajută să deblocăm întregul potențial al minții noastre și ne mențin concentrați și dedicați continuu atingerii obiectivelor noastre.

Încrederea în sine și motivația sunt, prin urmare, unele dintre cheile universale ale succesului.

ÎNCREDERE ÎN SINE

Încrederea în tine însuți

Toată lumea se mândrește cu toate lucrurile pe care le deținem. Fie că este vorba de realizările pe care le-am obținut sau de viața actuală pe care o putem trăi, fiecare dintre noi a devenit un câștigător pe cont propriu. Cu toate acestea, este posibil ca mulți dintre noi să fi negat acest adevăr. Dar, vezi tu, este evident: toată lumea este capabilă să facă orice numai dacă ne punem sufletul în întregime și ne propunem să o facem. Nimeni nu este lipsit de capacitatea de a se bucura de succesele vieții. Doar cei care se privează de aceste daruri sunt cei care suferă. Ești printre ei?

Lasă-ți răspunsul să zboare încet, în aer, înspre mintea ta și apoi șoptește-ți-l singur.

Oricare ar fi rezultatul, asigură-te că ți-ar schimba lucrurile în bine. Dacă poți spune că ești suficient de încrezător, atunci perfect! Dar nu te mulțumi cu ceea ce este suficient. Întotdeauna vor exista obstacole, iar oportunitățile și chiar îmbunătățirea lor, vor înceta să apară. Cu toate acestea, dacă ai răspuns *nu*, atunci nu rămâne pe loc. Irosirea vieții tale pe scuze lipsite de sens și negativism ar face, evident, să regreți totul în momentul plecării tale.

Cât de dureros ar fi să știi că ai fost echipat cu tot ce ai nevoie pentru a reuși, dar nu ai îndrăznit să le folosești.

A fost odată un vultur tânăr care a fost crescut într-un sat de pui. El a fost orientat spre viața puiilor și a fost crescut să creadă că el este unul dintre ei. Pentru o lungă perioadă de timp, el observa vulturii plutind în aer cu afișarea lor de măreție. Pentru că de fiecare dată când îi privea era foarte uimit de acești vulturi din aer, își dorea să se fi născut ca ei. Nu a îndrăznit să-și întindă aripile, deși în fiecare zi, inima lui plângea pentru a se ridica la înălțimea vulturilor. El nu și-a putut descoperi potențialul și adevăratul sine și, prin urmare, un pui a murit, dorind mereu să devină unul dintre cei cărora le aparține cu adevărat.

Fiecare dintre noi este un vultur. Cu toții suntem capabili să ne ridicăm la înălțimea potențialului nostru. Dacă nu ne întindem aripile și nu îndrăznim să ne descoperim adevăratul sine, vom fi întotdeauna limitați de eșecul nostru de a transcende înălțimile și de a deveni oamenii reali pe care am fost destinați să devenim. Acum, dacă am deveni doar conștienți de vulturul care doarme în noi, atunci am fi putut trăi cu toții o viață de fericire și mulțumire.

Cu toții ne naștem cu capacitatea de a realiza lucruri mărețe în viață și de a avea succes. Universul este prea bun pentru noi încât și-a făcut timp pentru a ne asigura tot ce avem nevoie pentru a zbura.

Nu irosiți această oportunitate punând încărcături pe spate, astfel încât să fiți delimitat și, prin urmare, să nu puteți zbura. Fii ca un vultur care a fost dezgropat din noroiul de a fi un pui. Puii sunt destinați sacrificării. În același mod, dacă alegem să fim găini, atunci ar trebui să acceptăm realitatea că scopul nostru ar fi învins. Adică, doar să mulțumim universului care ne-a ținut în brațe și ne-a hrănit cu tot ce aveam nevoie.

Fii ca un vultur și trăiește o viață liberă de cultura dăunătoare a găinilor! Fii ca un vultur și beneficiază de încrederea pe care o poți câștiga de pe urma faptului că ești o creatură puternică!

Cum să câștigi încrederea în sine este problema centrală atunci când se abordează dezvoltarea încrederii în sine într-un individ care, pentru o lungă perioadă de timp, a crezut că stima sa de sine este deficitară. Încrederea noastră în sine este acumularea tuturor reacțiilor noastre la experiențele pe care ni le-a adus viața, modul în care am fost ghidați de oamenii din jurul nostru, modul în care ne vedem pe noi înșine și, de asemenea, cum ne vede societatea.

Mulți factori contribuie la înțelegerea noastră personală a încrederii. Primul factor determinant este cât de bine ne așteptăm să fim noi înșine, iar al doilea, circumstanțele vieții noastre. Mulți tind să cadă în capcana regulilor simple și normale și, de a crea așteptări nerealiste. În acest proces, pierderile lor devin prea dureroase încât, în cele din urmă, suferă de efectele creării unei mai mici încrederi în sine.

Alții, pe de altă parte, se bazează mai mult pe reguli diferite și sigure și, astfel, pe a crea obiective mai realizabile care sunt mai ușor de atins. Și pentru că realizările se adaugă în mare măsură la dezvoltarea încrederii în sine, acești oameni beneficiază de cunoașterea faptului că sunt cumva capabili să facă ceva.

Este posibil să fi auzit deja expresia: Totul este în minte! Și pentru multe condiții psihologice și emoționale, putem spune de fapt că totul este în minte. Ele prind rădăcini și se dezvoltă din minte și, prin urmare, antidotul ar putea proveni tot din aceeași sursă.

Poți oricând să te condiționezi să simți așa cum îți dorești sau să simți așa cum nu îți dorești. Poate suprima emoțiile și, în acest proces, poate ajuta emoțiile să se materializeze. Să presupunem că vrei să simți ură față de tine pentru că nu ești suficient de bun, vei primi doar două ”produse”: primul, ură autentică și al doilea, o stimă de sine mai scăzută. Cei mai mulți dintre noi suntem surprinși inconștient de cuvintele noastre. Uneori nu reușim să verificăm lucrurile pe care le înregistrăm în mintea noastră subconștientă.

Este posibil să nu fi spus-o în mod deliberat, recent, dar din moment ce ești obișnuit să te auzi murmurând ”Eu nu pot face asta”, ”Eu nu sunt demn de nimic”, sinele tău subconștient ar putea crede, de asemenea, că acestea sunt faptele. Chiar și acum, în timp ce vorbim, mulți cred aceste declarații. Nu sunt simple cuvinte. Ele sunt reale și vor săpa, de fapt, adânc în mintea ta subconștientă, care vor fi apoi integrate în ființa ta. Dacă crezi în acestea, atunci nu există nicio cale să nu crezi în direcția opusă.

Un element principal în construirea încrederii în sine este credința în sine.

Orice ți-ai propus să crezi, va fi luat ca fapt. Prin urmare, trebuie doar să manipulezi valorile pe care dorești să le dobândești. În caz contrar, nicio cantitate de așteptare nu poate provoca schimbarea acesteia. Motivația trebuie să vină de la tine. Motivația este doar un impuls, prin urmare, trebuie să dezvolți și o disciplină. Sugestile pot veni din surse externe, dar în cele din urmă, tu și *tu* însuți veți fi cei care vă veți pregăti pentru a lupta. Schimbările trebuie să înceapă cu tine.

Poți începe prin a vorbi cu tine însuți folosind afirmații pozitive precum ”Sunt genial” (pentru că ești într-adevăr o persoană excelentă care așteaptă ca talentele să fie puse în valoare) sau ”Sunt frumos” (pentru că, crezi în acest lucru sau nu, fiecare dintre noi a fost creat frumos și autentic). Sau ”Eu pot face acest lucru” (pentru că unii, de fapt, au făcut-o și, alții o vor face). Nu poți sta mult timp în nebunia ta pentru că ai puțină încredere în tine. Cumva, trebuie să-ți schimbi perspectivele și să trăiești o viață diferită, care se așteaptă la lucruri mai bune.

Încrederea în a fi optimist

Optimism! Totul constă în percepția noastră pozitivă asupra personalității noastre, a evenimentelor care au loc în jurul nostru și a vieții în sine.

Atâta timp cât credem în bunătatea pe care o putem avea în viață, suntem obligați să ne bucurăm de ea așa cum ar trebui, de fapt, cum ar trebui să se bucure fiecare om. Din păcate, mulți dintre noi nu putem înțelege optimismul unei vieți pline de mizerie, morbiditate și lupte. Desigur, plăcerea vieții nu ar fi apreciată dacă nu ar fi echivalată cu fericirea. Durerea nu poate fi resimțită dacă tot ce știm este bucurie. Lacrimile și-ar pierde valoarea dacă am experimenta întotdeauna fericirea. Încrederea nu ar fi recunoscută dacă nu am cădea la pământ uneori.

Viața este un privilegiu plin de satisfacții și putem face tot ce vrem din ea.

Trebuie să începem devreme să ne construim fundațiile, astfel încât să nu fim nevoiți să ratăm momente prețioase care nu vor mai trece niciodată pe lângă noi. Un moment care a dispărut, a dispărut pentru totdeauna, dar lumina ta nici măcar nu-și va pierde valoarea mult timp după ce ai plecat.

Cu optimism în viață am putea recunoaște plinătatea potențialului nostru.

Toată lumea are aceleași oportunități de răsplată (mulțumiri, satisfacție, recunoștință), dar mulți dintre noi nu împărtășim lumina reflectoarelor pentru că am renunțat chiar înainte de începerea bătăliei. Dacă dorești să împărtășești cu lumea ceea ce ai de oferit, trebuie să fii suficient de curajos. Nimic nu ar trebui să te oprească să-ți trăiești viața, nici măcar demonii nenorociți ai încrederii în sine scăzute.

Cei care au provocat viața sunt cei care au suficientă încredere în sine. Uneori, trebuie doar să ne asumăm riscuri pentru a descoperi ce este în calea noastră. Cu toate acestea, asumarea riscurilor necesită multă încredere în sine. Fără aceasta, ai fi ca un războinic care și-a pierdut armura. De la naștere, am fost echipați cu toate abilitățile pe care le vom folosi în etapele ulterioare ale vieții noastre. Una dintre aceste abilități este capacitatea de a face față provocărilor și de a le înfrunta cu credință, atât în noi înșine, cât și în interiorul locului în care este puterea noastră.

Cu toții am avut ocazia să ne dezvoltăm simțul față de noi înșine, chiar și atunci când simțim că aproapele nostru este mult mai aplaudat decât noi. De obicei, avem ideea comună că viața este nedreaptă atunci când, de fapt, nu este. Cu toții avem cotele noastre de elogiu și cotele noastre de provocare. Pur și simplu, constă în percepția noastră asupra lucrurilor și în modul în care le gestionăm.

Același lucru este valabil și pentru încrederea în sine și stimă de sine. Mulți dintre noi credem că omul pe care îl admirăm a împărtășit o mare parte din binecuvântările vieții pentru că poate să se suporte pe el însuși, poate face față mai bine publicului și este mult mai elocvent și mai încrezător decât majoritatea dintre noi. Îți amintesc că, chiar înainte de a ajunge acolo, trebuie să te confrunți cu provocări care au contribuit la sitma de sine și încrederea în sine.

Cu toții putem fi acel om, numai dacă credem suficient în noi înșine. Trebuie doar să ne găsim propria putere pentru a putea realiza construirea unor baze bune pentru stima de sine și încrederea în sine.

Schimbările trebuie să vină din interior înainte de a putea accepta ajutor din exterior.

Înțelegerea, cât de valoroși suntem și cât de frumoși și autentici am fost creați, nu poate fi ajutată de întăriri exterioare dacă noi înșine nu dorim să acceptăm acest adevăr simplu. Mai târziu, va ajuta la descoperirea ta și aceasta este una dintre cele mai minunate aventuri pe care le vei parcurge în viață.

Nu există un singur factor pe care să-l putem considera ca fiind grupul din care provine încrederea în sine scăzută. De fapt, este acumularea de necazuri și neajunsuri din trecut ceea ce nu reușim să dezgropăm și să-i dăm remediul adecvat. Este rezultatul incapacității noastre de a recunoaște cine suntem cu adevărat și care sunt obstacolele în calea propriei noastre dezvoltări.

Încrederea în sine scăzută ne delimitează în mod evident. Ne-ar trimite să călcăm în picioare capacitățile noastre talentate și, în schimb, să ne luăm eșecurile ca pe niște înfrângeri timpurii. S-ar limita la a fi în zona noastră de confort, unde totul este ferit de posibile umilințe și mai multe greșeli. Zonele de confort ne vor face să credem că nu ar trebui să părăsim cele patru colțuri ale sale, deoarece acolo, în exterior, ne așteaptă dezamăgiri și pierderi. Dar chiar și atunci când ne spunem cât de grele și dezordonate pot fi lucrurile, tot nu ar trebui să ne predăm criticului interior care prosperă în noi. Trebuie, în orice ritm, să-l învingem și să ne arătăm lumii.

Încrederea în sine scăzută se dezvoltă în timpul copilăriei noastre. Din păcate, mulți dintre noi avem părinți, profesori, prieteni și dușmani care sunt mai interesați de neajunsurile noastre decât de talentele noastre. Ei ne vor spune mereu despre greșelile noastre și ne-ar ucide impulsurile interioare. S-ar putea să nu fie spuse direct în fața noastră, dar acțiunile și tachinările lor sunt suficiente pentru a ne convinge că suntem învinși.

Poate trăiești sub ochi critici reci, care nu știu nimic de imperfecțiune. Sau poate ești subordonatul unui frate care are rezultate bune la școală, de unde și concentrarea asupra lui și disprețul frecvent față de tine. Sau, probabil, oamenii din jurul tău fac lucruri pentru tine atunci când simt că nu poți face lucrurile pe cont propriu.

Acestea sunt cazuri subtile de declanșare care ar contribui la pierderea, în cele din urmă, a încrederii în sine. Din cauza unor astfel de 'modele proaste' și a lipsei de atenție care ți se acordă, vei descoperi în curând că ești cu adevărat incapabil să faci lucruri atunci când, de fapt, ai daruri dincolo de propriile calcule.

Credința ta în ceea ce crezi tu te va face să te învinovățești pentru toate eșecurile tale. Și, uneori, chiar te-ar convinge că ești responsabil și pentru eșecurile acelor oameni cu care ai contact strâns. De copil, declarațiile radicale vor fi banale pentru tine. Te vei convinge cât de nepregătit și, chiar, cât de inconștient ești fără întărirea care vine de la 'modelele proaste' din jurul tău. Iar pe măsură ce procesul avansează, vei învăța să ignori acuzațiile oarbe și negative pe care alte persoane ți le aruncă. Și pentru a adăuga mai multă mizerie problemelor tale deja acumulate, vei învăța să accepți că nu există nimic mai mult în viață decât înfrângeri și eșecuri.

Credința ta în tine însuți în acest moment este prea slăbită. Prin urmare, nu vei încerca să rezolvi conflictul tău asupra sentimentului de sine și nu vei îndrăzni să planifici cum să ocolești acest curs de viață auto - chinuitor.

Soluții și oameni utili apar și vor veni la tine. Cu toate acestea, reacțiile tale vor fi să-i îndepărtezi sau să-i ignori cu totul.

Continuă în acest fel și vei descoperi, în curând, că salvarea de la încrederea în sine scăzută se prezintă pentru tine, dar ești prea confuz în propria ta lume și ar fi imposibil să vindeci problema. Cu excepția cazului în care îți iese în cale un miracol care îți va schimba viața. Nu te lăsa păcălit. Chiar și cei mai încrezători oameni au momente de nesiguranță și chiar cei mai competenți au defectele lor.

Deși, poate am visat să fim oamenii perfecți pe care îi vedem la alți oameni, trebuie să înțelegem că nimic nu poate fi perfect. Lucrurile pe care ne-am dori să le vedem întâmplându-se în viața noastră nu se întâmplă neapărat așa cum ne dorim să fie, indiferent cât de discrete au fost planurile noastre. Chiar și lucrurile pe care vrem să le realizăm nu vor trece 'prin noi' atâta timp cât nu lucrăm pentru a le realiza.

Cu toate acestea, este nevoie de mult efort pentru a face lucrurile să se întâmple.

Oamenii încrezători și-au dobândit atributele nu prin noroc. Un autor a spus odată că ”cei mai buni” oameni nu s-au format doar din întâmplare. Ei trebuie să cunoască dificultățile, trebuie să cunoască suferința, trebuie să cunoască înfrângerea, lupta și pierderea înainte de a înțelege cu adevărat profunzimea valorii lor.

Toată lumea este construită pentru recunoaștere, pentru realizare, pentru faimă.

Capacitatea de a avea încredere în sine nu a fost dată întâmplător, este în noi toți. Ca și în cazul tuturor celorlalte lucruri, suntem pe picior de egalitate cu cel al partenerului care stă lângă noi. Totuși, diferența constă în tratamentele noastre personale ale capacităților cu care am fost înzestrați.

Începutul dezvoltării rădăcinilor încrederii în sine a fost din copilăria noastră, modul în care am fost crescuți, oportunitățile pe care le-am perfecționat pentru a fi oamenii care suntem și reacțiile noastre la provocările care ne-au fost date. La o vârstă foarte fragedă, știm deja cum este să fii uimit sau încurajat. La o vârstă foarte fragedă, suntem deja capabili să interpretăm modul în care ni se întâmplă lucrurile. Dacă în copilărie nu reacționăm pozitiv din motive precum lipsa sau orientarea inadecvată, ‘modelele proaste‘ și cunoștințele insuficiente, este posibil ca fazele succesive ale vieții noastre să devină dependente de modul în care au fost lucrurile în acele vremuri.

Dar odată cu vârsta vine maturitatea. Iar maturitatea vine din experiențele pe care le întâlnim. Experiențele, așa cum le știm, se numără printre marii maeștri pe care îi avem.

Faptul că nu profităm de experiențele pe care le întâlnim ne va trimite înapoi în aceleași circumstanțe doar până când vom putea detecta unde am greșit. Prin urmare, nu avem scuze pentru a nu avea posibilitatea de a ne îmbunătăți cu fiecare experiență.

Vezi tu, îmbunătățirea încrederii în sine este doar o chestiune de creștere, dezvoltare și maturizare. Dacă te complaci cu ideea de a te întoarce la o lipsă de realizare și recunoaștere, atunci nu vei înțelege că viața este mult mai mult decât o viață simplă și mediocră.

Toată lumea poate îmbunătăți încrederea în sine, indiferent de cum am fost în trecut.

Ceea ce contează, doar acum, este prezentul. Dacă faci bilanțul persoanei tale și crezi că ai capacitatea de a fi oricine și tot ceea ce îți dorești să fii, cu siguranță vei fi un pas mai mare spre obținerea încrederii în sine. Există multe modalități pe care le puteți lua pentru a vă ajuta să vă îmbunătățiți încrederea în sine.

Cheile sunt: să ai atitudinea pozitivă că oricine poate face orice și adaptarea credinței că poți fi oricine și poți fi orice ți-ai propus să fii.

Dacă totul eșuează, amintește-ți de momentele în care te-ai simțit bine pentru că ai reușit să realizezi ceva simțindu-te bine cu tine însuți. Astfel, vei fi încurajat și motivat să devii acea persoană mai bună pe care ți-ai dorit întotdeauna să fii.

Ai încredere în gândirea pozitivă

Micile diferențe fac schimbări mari!

Totul se rezumă la o singură idee care ți-ar recrea imaginea de sine. Îți amintești când erai atât de sigur că ai făcut ceva, încât cineva a comentat cât de rele erau lucrurile? Îți amintești când te străduiai să-ți termini treaba satisfăcător când cineva a spus că nu vei ajunge niciodată la promovare? Îți amintești când ți-ai propus să alergi primul kilometru și oamenii te-au scrutat pentru că ai un astfel de obiectiv? Amintește-ți toate aceste momente. Toate își au rădăcinile în comentarii pesimiste și negative, care nu au servit la nimic altceva decât să distrugă spiritul pozitiv din tine care spune 'TU POȚI'.

Încrederea în sine se bazează întotdeauna pe gândirea pozitivă.

Dacă te gândești pozitiv la tine și faci bilanțul tuturor atributelor pozitive pe care le ai în timp și iei în considerare valoarea celor care îți lipsesc, atunci poți cel puțin să te faci să crezi că poți face cu adevărat ca lucrurile să se întâmple.

Gândirea pozitivă nu înseamnă să ai prea multă speranță în ceva de neatins.

Esențial pentru creșterea încrederii în sine și a gândirii pozitive este stabilirea unor obiective realiste pe care le puteți atinge fără a vă limita abilitățile.

În mod normal, atunci când ne propunem să facem ceva, avem tendința de a supracalcula lucrurile și de a planifica să realizăm lucrurile dincolo de scopul nostru actual. Acest lucru, spunem noi, ne-ar încuraja să lucrăm de două ori mai mult. Dar ceea ce ne lipsește este că odată ce eșuăm în așteptările noastre și în așteptările mulțimii care ne urmăresc, suntem descurajați să mai încercăm din nou lucrurile.

Vedeți, în încercările noastre inițiale nu este rău dacă stabilim obiective realizabile în loc de obiective nerealiste care ne-ar lăsa consternați. Când într-adevăr trebuie să te simți bine cu tine însuți, reține că încrederea în sine este controlată în mare măsură de echilibrul hormonal din corpul nostru. Prin urmare, vei putea modifica starea de spirit stimulându-te pe tine însuți să faci acest lucru. Să spunem că, dacă ai această amintire vie de a fi capabil să realizezi ceva sau dacă ai avut vreodată ”motivatori” care te-au împins să realizezi lucruri mari, cu siguranță le poți folosi pentru a-ți manipula emoțiile. Dacă nu, atunci amintește-ți momentele în care te-ai simțit cu adevărat fericit cu tine însuți.

Preluarea controlului asupra stărilor și emoțiilor tale poate contribui la încrederea ta generală.

La un moment dat în viața noastră, am fost cu toții criticii noștri. Critica nejustificată nu numai că ne face vulnerabili la gândurile negative, dar ne afectează și perspectivele personale generale.

Ai observat cum ne criticăm pe noi înșine fără să ne dăm seama că nu putem spune aceleași lucruri altora? Suntem foarte duri cu noi înșine decât ne putem imagina. Prin urmare, cu fiecare contribuție negativă pe care o primim de la acest critic, rămânem dezamăgiți și nesiguri. E ca și cum am dărâma zidurile pe care le-am construit de mult în schimbul unor comentarii nedrepte de care rareori avem nevoie.

Evită să folosești declarații dure despre tine, deoarece acestea sunt chiar lucrurile care te-au dezbrăcat în cele din urmă de imaginea ta de sine bună. Recrearea feedback-ului pe care ți-l oferi va avea un impact enorm asupra încrederii tale. În cele din urmă, distrugerea vine din interiorul nostru. Alte persoane pot argumenta că suntem afectați de pesimismul și negativismul extern. Este adevărat, însă, acest lucru ne-ar afecta doar după ce permitem intrarea acestora în interiorul nostru.

Prin urmare, trebuie doar să creezi bariere pentru aceste intrări negative în timp ce, îți întărești fundamentele de bază.

Recunoaște-ți aptitudinile și fii încrezător

Încrederea este materia vieții din care suntem cu toții făcuți.

Diferența se poate face doar prin înțelegerea și acceptarea lucrurilor. Unii oameni sunt mai interesați să se cunoască pe ei înșiși și abilitățile lor decât alții. Totul constă în percepția noastră despre noi înșine, în înțelegerea posibilităților și în capacitatea noastră de a ne pune în practică înțelegerea și percepția.

La fel ca fiind bogați, ne gândim că, încrederea în sine este ceva pe care toți ceilalți o au, în afară de noi. Viața a fost creată egală și este menită să fie egală. Inegalitatea vine doar cu noțiunile noastre despre ceea ce avem deja, dar nu recunoaștem ceea ce au alții și pe care, noi, le dorim.

Nu fi brutal cu tine însuți. Nu te priva de bucuria vieții. Fă-ți un bilanț din nou și abține-te de la a te scuza ca să te uiți peste gardul vecinului tău în timp ce închizi ochii la mina de aur care este prezentă pe propriul tău pământ. Totul are o frumusețe pe care nimeni nu ne-o poate lua în afară de noi înșine.

Cu toții am fost înzestrați cu talente, abilități, frumusețe și uimire, împreună cu darul de a le folosi sau ignora.

Dar odată ce ne recunoaștem potențialul, vom descoperi că viața are mai mult de oferit decât simpla mediocritate. Totuși, trebuie să înțelegem că există câteva lucruri la care ne limităm. Dar acestea sunt compensate de faptul că avem potențialul de a excela la alte lucruri noi. Trebuie doar să ne găsim curajul și punctele forte.

Înțelegerea noastră poate fi limitată cu experiențele noastre din trecut. Cu toate acestea, acest lucru nu neagă faptul că ne putem extinde percepția față de noi înșine dacă pur și simplu împingem un pas mai departe spre crearea imaginii pozitive despre cine suntem cu adevărat. Ține minte că, atât îmbunătățirea noastră, cât și căderea noastră depind de modul în care alegem să gestionăm lucrurile. Nu înseamnă că atunci când partenerul tău realizează ceva mult mai bun, ia aceste realizări din propriile tale calități ascunse în potențialul tău. Înseamnă pur și simplu că a reușit să-și recunoască capacitățile și să pună această descoperire în beneficiul său.

În general, încrederea în sine și modul în care o creștem se realizează numai atunci când îndrăznim să facem lucruri pe care le credem mai întâi că sunt în afara propriilor noastre capacități. Uneori nu recunoaștem că lucrurile simple ne pot ajuta să ne oferim pe noi înșine gloriei încrederii.

Ne putem dezvolta încrederea în multe feluri. Activități precum dezvoltarea abilităților verbale, prin scris și relații publice vor contribui în mare măsură la creșterea sentimentului de sine. Cei mai mulți dintre noi ne este frică să înfruntăm publicul. Cu toate acestea, odată ce depășim această teamă, este posibil să descoperim mai multe dintre capacitățile noastre mai târziu.

Putem găsi, de asemenea, un stimulent al încrederii în sine, cultivându-ne talentele înnăscute. Să presupunem că îți place să combini notele și poezia sau că ai o tendință naturală de a interacționa cu muzica, te poate ajuta într-adevăr să te salvezi de la încrederea scăzută sau dacă simți că nu ajută, atunci poți să redirecționezi acest interes către alte activități mai utile.

Trebuie să te implici în dezvoltarea geniului din tine.

Există posibilități infinite, trebuie doar să fii deschis față de ele. Amintește-ți mereu că singura ființă care te-ar împiedica să te dezvolți ești tu însuți și singura ființă care te va împinge către propria ta fericire ești, de asemenea, tu însuți. DECIDE: Vei fi cel mai mare dușman al tău sau cel mai mare ajutor al tău?

Cum să câștigi încrederea în sine este problema centrală atunci când se abordează dezvoltarea încrederii în sine într-un individ care, pentru o lungă perioadă de timp, a crezut că stima sa de sine este deficitară.

Nu e nevoie să spun că, acei indivizi încrezători se pot înțelege și suporta mai bine decât cei care au un sentiment mai mic de ”sine”. Ei sunt învingătorii, oamenii în lumina reflectoarelor, în centrul societății. Ei merg drept, își vorbesc foarte bine semnificațiile și influențează oamenii, atât subtil, cât și evident. Pe scurt, ei sunt cei cărora le pasă să fie recunoscuți chiar și de departe. Uneori, oamenii încrezători în sine sunt foarte dragi societății. Poate din cauza carismei lor sau sunt, prin natura lor, foarte amabili. Cu toate acestea, există oameni încrezători în sine care, doar ieșind dintr-o încăpere, fac camera mai ușoară.

Acestea sunt două manifestări foarte diferite de încredere în sine. Unul distruge credibilitatea unei persoane, iar celălalt îi intensifică personalitatea. Și, evident, nu ți-ai dori consecințele de a fi prea încrezător în tine, pentru că, oamenii nu te mai văd ca fiind eficient, ci, în schimb, te vor vedea ca pe o pacoste pentru treburile lor zilnice.

Încrederea în sine vine din interior. Stimularea externă poate ajuta, dar totul s-ar reduce la a te cunoaște pe tine însuți și a folosi aceste cunoștințe pentru a câștiga încredere. Pentru a câștiga încrederea în sine, trebuie să-ți dai seama că limitările tale nu ar trebui să fie limitate și atributele tale nu ar trebui să te distrugă. În schimb, folosește toți acești factori pentru a dezvolta o personalitate foarte productivă pentru tine și pentru toți cei din jurul tău.

"Cunoaște-te pe tine însuți", spune un mare filozof. Deși acest lucru ar fi putut fi spus cu mii de ani în urmă, este incontestabil adevărat că putem folosi în continuare înțelepciunea pe care o spune. Cunoaște-te pe tine însuți și câștigă încredere. Cu toate acestea, trebuie să recunoaștem că: cunoașterea nu vine de nicăieri decât de la noi. Prin urmare, trebuie, de asemenea, să acceptăm realitatea.

Dacă nu-ți accepți defectele și perfecțiunea, demonii încrederii scăzute în sine vor rămâne pentru totdeauna în ființa ta. Totuși, există un risc mare în a ști prea multe despre tine, dacă fundamentele tale de autocontrol nu sunt prea dezvoltate. Ai fi expus la imperfecțiunile tale și, deoarece controlul nu este încă al tău, s-ar putea să fii distrus de propriile tale fluxuri. Această condiție este strâns legată de ruminarea gândirii în care pari să te învârți: cercul tău de gânduri despre pierderile și eșecurile tale, indiferent de realizările tale.

Un alt pericol de a nu avea control asupra ta în timp ce încerci să câștigi încrederea în tine este că s-ar putea să fi prea sigur pe tine, întrucât vei uita valoarea reală de a fi tu însuți. Așa cum am menționat anterior, încrederea excesivă este la fel de periculoasă ca și faptul de a nu fi deloc încrezători. Acest lucru te va trimite înapoi la eșecuri sau, mai rău, la o eventuală cădere.

Cunoașterea ta este un factor care poate fi periculos sau productiv. Încrederea în sine îi ajută adesea pe oameni să realizeze cât de minunată a fost creația lor. Încrederea în sine ne învață să dăm valoare abilităților și atributelor, care sunt în mod evident la fel de speciale precum cele care pot fi găsite la alți oameni. Suntem cu toții unici și acesta este un adevăr. Semnele noastre de unicitate pot fi văzute printr-o privire atentă asupra capacităților și incapacităților noastre.

Unicitatea noastră se manifestă prin darurile naturale care se adaugă la valoarea noastră de sine mai mare. Unicitatea noastră poate fi văzută prin potențialele noastre pe care le putem ignora sau maximiza după bunul plac.

Toate acestea sunt adevăruri care îți vor rămâne ascunse, cu excepția cazului în care ai învățat să-ți contemplezi ființa și să fii conștient de cine ești cu adevărat.

MOTIVAȚIA NU AR TREBUI SĂ FIE UN MISTER

Stabilește-ți obiective inteligente

Un scop prin definiție este rezultatul final al atingerii obiectivelor noastre. Unii oameni speră să obțină succes devenind primii care merg pe ”planete” neexplorate, alții aspiră să zboare în avioane care nu au fost încă inventate, iar alții speră să devină miliardari peste noapte. Fără anii necesari de pregătire sau abilități, este posibil ca aceste obiective să nu fie posibile și, prin urmare, lipsite de realism și încurajare.

Când depindem de succesul nostru și, prin extensie, de fericirea noastră, în atingerea unor obiective care pot fi întotdeauna inaccesibile din orice motiv, ce fel de bucurie vom găsi în viață atunci când nu le putem atinge? Reține, totuși, că există o mare diferență între a stabili obiective realiste și a te limita. De aceea, încurajarea mea pentru tine este de a stabili obiective care sunt inteligente și, prin urmare, realiste.

"Inteligente" înseamnă că obiectivele noastre vor fi specifice, măsurabile, realizabile, realiste și limitate în timp.

Când folosim acest tip de cadru pentru a ne analiza obiectivele, este mai puțin probabil să ajungem dezamăgiți și ne va fi mai ușor să rămânem motivați să lucrăm pentru atingerea acestui obiectiv. Dacă scopul tău este pur și simplu să inventezi ceva mare, la un moment dat în cursul vieții tale, acel obiectiv nu ar fi specific, măsurabil, realizabil sau limitat în timp. A munci pentru un scop nedeterminat te va duce în cercuri și va fi foarte descurajator.

Dacă obiectivele tale sunt considerate realiste, acestea trebuie să îndeplinească cerințele tuturor celorlalte aspecte ale analizei "inteligente". Deci, chiar dacă speri să realizezi lucruri mărețe până la vârsta de douăzeci și trei de ani, dar nu ai stabilit cu adevărat un mijloc specific pentru a atinge acest obiectiv, nu vei fi foarte motivat să faci prea multe.

Obiectivele "inteligente" asigură și direcționează eforturile tale în direcția corectă și să nu pierzi timpul încercând să reinventezi roata sau să lovești cu pumnii în aer.

Lucrul către ceva care este imposibil din orice motiv ne va lăsa prea descurajați pentru a realiza mult mai mult. Dar aceasta este o problemă foarte sensibilă pentru mine, deoarece oameni MARI care au realizat lucruri MĂREȚE, de fapt, au realizat ceea ce era imposibil pentru alții. Deci, care va fi limita dintre realist și ridicol? Pune-ți aceste întrebări:

- Am abilitățile necesare pentru a atinge acest obiectiv?
- Dacă nu, cât timp îmi va lua să învăț aceste abilități?
- Cât din resursele mele financiare voi avea nevoie pentru a realiza acest obiectiv?
- Atingerea acestui obiectiv va avea un impact pozitiv asupra celor din jurul meu?

- Am DISCIPLINA necesară pentru a atinge acest obiectiv?
- Sunt dispus să sufăr consecințele încercării de a realiza acest obiectiv?
- Familia și prietenii mei îmi vor susține DECIZIA de a urmări acest obiectiv?
- Chiar mă voi considera un om de succes dacă voi atinge acest obiectiv?
- Ce voi face dacă nu am succes la prima încercare?

Răspunsul la aceste întrebări te va ajuta să determini dacă ai dorința de a atinge obiectivele pe care le ai în mintea ta și, de asemenea, scrise pe hârtie. Aceste întrebări nu sunt pentru a te descuraja, ci pentru a te ajuta să te pregătești pentru succes. Pașii care urmează te vor ajuta să rămâi pe drumul cel bun și să-ți crești motivația.

Verifică-ți progresul

Însăși definiția unui scop implică faptul că obiectivul trebuie să fie nu numai specific și realist, ci și măsurabil. Atunci când este dificil să măsori progresul pe care l-ai făcut în atingerea unui anumit obiectiv, este foarte puțin probabil să fii foarte motivat să continui să te străduiești să atingi acest obiectiv. Gândește-te, dacă scopul tău este să ajungi, la timp, la lucru, vei verifica constant ora în fiecare etapă a călătoriei. Dacă observi că întârzii, vei începe automat să conduci sau să mergi mai repede, deoarece știi exact cât timp este nevoie pentru a-ți îndeplini obiectivul de a fi la timp. Dacă acest obiectiv ar fi un pic mai puțin definit, de exemplu, dacă am decide că ”într-o bună zi” dorim să fim celebri, cum am ști când să începem să accelerăm?

MOTIVAȚIA, acea dorință intrinsecă de a-ți atinge obiectivul, este ceea ce te va asigura că vei face orice pentru a-ți atinge scopul.

Acest lucru necesită accelerarea, încetinirea sau chiar o schimbare completă a direcției. Dar motivația este, de fapt, foarte fragilă. Trebuie în mod constant să aprinzi flăcările dorinței de a rămâne motivat. De aceea este atât de important să eviți nevoia de a-ți verifica prea des progresul.

Verificarea progresului doar ocazional este una dintre cele mai bune modalități de a dezvolta o imagine realistă a progresului tău. La urma urmei, Roma nu a fost construită într-o zi. Acest lucru este valabil mai ales pentru obiectivele pe termen lung.

Pentru a te ajuta să înțelegi ideea, permite-mi să trecem în revistă ilustrarea obiectivului tău de a ajunge la lucru la timp. Dacă ai conduce pe o autostradă aglomerată și ai verifica nervos timpul (ora) la fiecare șaizeci de secunde, te-ar ajuta asta să ajungi mai repede la muncă? Mă îndoiesc foarte mult. Vor exista întotdeauna factori sau obstacole dincolo de controlul nostru, cum ar fi vremea sau traficul.

Verificarea constantă a vremii nu va elimina aceste obstacole. În acest ritm, este posibil să nu ajungi la timp sau niciodată la destinație pentru că ești prea distras de oră și s-ar putea să termini într-un accident. Deși este bine să ne evaluăm progresul pentru a determina dacă concentrarea actuală va conduce la rezultatul existent, acest lucru prea des va fi o distragere a atenției și o dezamăgire.

”Dacă aveți copii, veți ști exact cât de curând este prea devreme și cât de des este prea des”. Copiii nu sunt foarte buni la satisfacția întârziată. Dacă le spui că te vei juca cu ei ”mai târziu”, te poți aștepta ca ei să revină la fiecare câteva minute pentru a întreba când se va întâmpla. Dacă vor învăța că laptele îi va ajuta să crească mari și puternici, în curând vor începe să ”înghită” cât mai mult posibil și să-și verifice înălțimea cât mai des posibil. De multe ori, ajung să fie foarte dezamăgiți pentru că progresul ajunge să fie mult mai lent decât se așteptau. Același lucru ți se poate întâmpla și ție.

Verificarea prea des a progresului este una dintre cele mai ușoare modalități de demotivare. Vei începe să-ți imaginezi că progresul tău este mult mai lent decât este în realitate sau te poți condamna ca și cum nu ai face niciun progres. Acest lucru este valabil mai ales pentru că veți progresa mai mult în unele zile decât în altele.

Cât de des este prea des este o întrebare la care numai tu poți răspunde. Natura obiectivelor tale și durata de timp necesară pentru a le atinge te vor ajuta să iei această decizie. În cazul în care scopul tău este să slăbești cinci kilograme în treizeci de zile, este firesc să vrei să te cântărești zilnic. Dar dacă scopul tău ar fi să slăbești o sută de kilograme în următorii doi ani, cântăririle lunare ar fi mai benefice. În general, este recomandat să ne verificăm progresul un pic mai rar pentru obiective pe termen mai lung decât am face-o pentru cele pe care sperăm să le atingem într-o perioadă mai scurtă de timp. Acest lucru nu înseamnă că nu ar trebui să ne revizuim strategia cât mai des posibil.

Acesta este un alt mod practic de a rămâne motivat pentru că te vei gândi constant la atingerea obiectivelor tale și va fi mai greu să fii distras de tot zgomotul din jurul tău.

Mediul nostru este adesea una dintre cele mai mari distrageri. Mediul nostru ne poate copleși sau ne poate împinge înainte și mai aproape de visele noastre.

În paginile următoare ne concentrăm asupra modului de cum să ne înconjurăm de oamenii potriviți care ne vor ajuta să ne motivăm pentru a reuși.

Înconjoară-te de oameni care văd măreția din tine

Părinții petrec, adesea, o cantitate exorbitantă de timp avertizându-și copiii cu privire la asociații răi. Nu am fost o excepție. Până în ziua de azi îmi amintesc cum părinții mei mi-au dat lecții despre prietenii pe care i-am avut, mi-au interzis să vizitez casele anumitor oameni. Fiind rebelul care am fost, am crezut de multe ori că acest lucru a fost prea restrictiv și un dezavantaj major. Acum, după ce am crescut pentru a vedea viața pe care unii dintre acești oameni o duc acum, sunt cu adevărat recunoscător pentru viziunea și îndrumarea lor. Dar, cum suntem cu toții adulți, suntem liberi să facem ce vrem.

S-ar putea chiar să raționezi că ești propria ta persoană și să iei proprile decizii. Dar îți recomand să iei în considerare asociații cu înțelepciune din următoarele motive:

- Asocierile tale influențează modul în care gândești.
- Asocierile tale influențează modul în care te privesc celelalte persoane.

Cum influențează asociații tăi modul în care gândești?

Toată lumea și mă refer la toți cei cu care te asociezi în mod regulat vor avea o anumită influență asupra vieții tale. Acest lucru este adevărat indiferent dacă ești conștient de asta sau nu. Ca oameni, încercăm în mod constant să înțelegem această lume turbulentă examinând cu atenție oamenii din jurul nostru.

De fapt, unii oameni de știință au fost suficient de îndrăzneți pentru a prezenta teoria că suntem practic media celor cinci persoane cu care ne asociem cel mai frecvent.

Întrebarea care se pune acum este: **Cine vrei să fii?** Dacă alegi să te asociezi cu oameni care se mulțumesc să facă doar elementele de bază ale vieții pentru a supraviețui, această noțiune îți poate pătrunde cu ușurință în mintea ta și poate afecta intensitatea cu care lucrezi pentru a-ți atinge obiectivele. Acești oameni te vor face să te întrebi de ce încerci atât de mult și dacă obiectivele tale sunt chiar realizabile. Sunt sigur că nu veți găsi deloc acest tip de gândire motivantă.

Pe de altă parte, cum ar fi să te înconjori de oameni care se străduiesc în mod constant să facă mai bine și să fie mai buni? Gândește-te astfel, dacă ai vrea să crești flori în grădina ta, ți-ai umple grădina cu otravă, ai opri udarea și ai ascunde-o de lumina soarelui? Asta nu va produce tipul de rezultat pe care îl cauți. Așadar, de ce să ne înconjurăm de oameni care vor să ne otrăvească mintea, ca să spunem așa?

Aceștia pot fi oameni bine intenționați, cărora le pasă cu adevărat de tine, dar nu înțeleg ”focul” care arde în tine. Ei nu au fost niciodată la fel de hotărâți să reușească ca tine și nu vor înțelege niciodată ce te motivează să continui. Ca urmare, ei aruncă comentarii pesimiste despre visele tale și schimbă încet modul în care te simți în atingerea obiectivelor tale.

Pentru a rămâne motivat, trebuie să fii sigur că obiectivele tale sunt realizabile și trebuie să înțelegi că astfel de asociați vor semăna încet îndoieli în mintea ta.

Chiar dacă acești oameni nu-ți contestă verbal visele tale, modul în care își trăiesc viața va face prea puțin pentru a te menține motivat. Modul de viață îți poate întări pozitiv sau negativ dorința de a-ți atinge scopul. Văzându-i fără succes sau amânând în mod constant, atenuează flăcările care te motivează să continui.

Pe de altă parte, atunci când persoanele apropiate, asocierile bune, încearcă întotdeauna să găsească noi modalități de a fi măreți și mereu mai buni, și tu vei începe să simți dorința de a-ți îmbunătăți performanța actuală.

Când asociații tăi apropiați își ating obiectivele, propriile tale obiective vor deveni mult mai reale pentru tine. Și cu cât obiectivele tale sunt mai aproape de inima ta, cu atât vei fi mai motivat să le atingi.

Cum influențează asociații tăi modul în care te privesc celelalte persoane?

Lumea afacerilor care există azi este foarte strâns legată de realizările partenerilor noștri. Este practic imposibil pentru afacerea noastră să supraviețuiască într-un vid. Prin urmare, reputația este unul dintre cele mai bune atuuri ale noastre. Din păcate, reputația noastră nu este doar un produs al propriilor noastre acțiuni, ci și al acțiunilor asociaților noștri. Dacă alegem să ne asociem cu oameni necinstiți sau cu performanțe slabe, și noi putem fi priviți într-o lumină similară.

Este firesc să presupunem că păsările cu același penaj se vor aduna împreună. Reputația ta este brandul tău și aceasta este ceea ce va atrage investitorii și clienții de care vei avea nevoie pentru a-ți transforma obiectivele în realitate.

Asociații (partenerii) greșiți îți pot deteriora permanent buna reputație.

Asocierea cu oamenii nepotriviți poate însemna foarte bine că o oportunitate grozavă ar putea trece cu ușurință pe lângă tine. Crede-mă când spun, există mult adevăr în zicala "este foarte multă singurătate în vârf". Atingerea obiectivelor tale de a fi primul sau cel mai bun din domeniul tău, va fi mult mai plăcută atunci când ești înconjurat de oameni care sunt bucuroși să te vadă reușind.

Asociații care refuză să se forțeze pentru a îmbunătăți lucrurile vor deveni geloși pe succesul tău și vor face tot posibilul să te demotiveze. Pentru a înrăutăți lucrurile, de obicei oamenii care ne sunt dragi inimii sunt cei care deseori au "succes", iar pe noi ne pregătesc pentru eșec. Acesta este motivul pentru care te încurajez cu tărie să fii atent la oamenii cu care împărtășești visele tale. Alege genul de prieteni care te împing în mod constant să faci lucrurile mai bune și să te mențină motivat.

Asocierea (parteneriatul) cu persoanele potrivite te va pune, de asemenea, în poziția de a fi în locul potrivit la momentul potrivit.

Găsirea unor persoane care au idei mărețe, gândesc diferit, au încredere în sine și sunt motivate se întâmplă rar atunci când ai doar o singură activitate și un singur traseu: serviciu - acasă. Scopul tău ar trebui să fie întotdeauna acela de a-ți optimiza mediul în așa fel încât să te apropie din ce în ce mai mult de obiectivele tale. Realizarea acestui lucru poate fi mult mai ușor de spus decât de făcut, dar nu este imposibil. Iată câteva opțiuni:

- Târguri comerciale.
- Cursuri de training legate de obiectivele tale.
- Social Media.
- Lectură motivațională.

Târgurile comerciale sunt o mină de aur. Acest lucru este valabil indiferent dacă îți prezinți munca, cauți un potențial partener de afaceri sau cauți inspirație.

Expozițiile comerciale permit oamenilor care împărtășesc aceeași viziune să se reunească și să învețe unii de la alții. Acesta este genul de atmosferă care te obligă să te gândești la ceea ce ai realizat sau nu ai realizat. Imaginează-ți că vezi pe cineva executând o idee similară cu a ta, nu ai avea atunci toate motivele să crezi că propriile tale obiective sunt realizabile?

A învăța despre provocările altora din domeniul tău este foarte probabil să te motiveze să-ți atingi obiectivele, deoarece vei fi într-o poziție mult mai bună de a anticipa și de a evita unele capcane. Știind că poți ocoli cu ușurință aceste obstacole vorbind cu oamenii din același domeniu te va motiva să continui, indiferent ce s-ar întâmpla.

După cum am subliniat mai sus, este întotdeauna cel mai bine să fii în preajma unor oameni care îți înțeleg luptele și care doresc să reușești.

Cursurile de formare legate de obiectivele tale îți permit să-ți aprofundezi abilitățile și să-ți îmbunătățești strategia. Nu poți învăța niciodată tot ce trebuie să știi despre domeniul tău.

Nu poți aspira la succesul de mâine cu aceleași cunoștințele de ieri.

Ținând pasul cu cele mai recente îmbunătățiri, îți va oferi avantajul pe care îl cauți pentru a depăși concurența. O mai bună înțelegere a variabilelor care te vor ajuta să atingi obiectivele îți va oferi încrederea necesară pentru a continua să mergi mai departe. Cursurile de formare sunt, de asemenea, o altă modalitate de a întâlni și de a forma relații cu oameni care au aceeași misiune ca și tine. A face acum conexiunile corecte va funcționa cu siguranță în avantajul tău.

Social media par să se infiltreze aproape în fiecare aspect al vieții noastre. Prin urmare, nu ar trebui să fie surprinzător faptul că rețelele sociale te pot ajuta, de asemenea, să rămâi motivat pentru a-ți atinge obiectivele.

Social media este o combinație între beneficiile unui târg comercial și ale unui curs de formare, dar nu necesită deplasarea noastră. Social media ne permite să ținem pasul cu evoluțiile actuale ale pieței, să învățăm noi abilități și să dezvoltăm o relație cu alți promotori și agitatori din industrie.

S-au dus vremurile în care rețelele de socializare erau doar despre postarea de fotografii și obținerea de like-uri. Acum este unul dintre cele mai puternice instrumente care te ajută să fii în locul potrivit la momentul potrivit, ca să spun așa.

Lectura motivațională te învață multe. În loc să fii o persoană inactivă în momentele confortabile de acasă, poți deveni o persoană activă citind cărți. Te poți asocia în fiecare zi cu minți strălucitoare, ”bând cafeaua” cu marii autori de cărți despre creștere, dezvoltare și ajutor personal -care abordează emoțiile, relațiile umane, finanțele și conducerea (leadership)-. Această lectură motivațională are un efect pozitiv și foarte puternic asupra ființei umane, dar pe termen lung.

Cititul îți oferă mai multă încredere în tine. Cunoașterea te motivează și mai mult. Cunoașterea te schimbă. Lectura îți dezvoltă noi abilități, te echilibrează, lectura te face mai puternic, mai încrezător. Lectura te face să te cunoști mai mult pe tine însuți, face ca mintea ta să conducă gândurile pozitive și, în cele din urmă, vei putea controla emoțiile tale. Lectura te inspiră atât de mult încât toate posibilitățile pot deveni realitate. Lectura motivațională transformă complet individul.

Evită frica și, de asemenea, epuizarea

Așa cum am subliniat în a doua parte a acestei cărți, motivația este forța care va propulsa comportamentele noastre orientate spre obiective în direcția corectă. Fără această forță, ai avea foarte puțină încredere și dorință să depășești provocarea cu care te vei confrunta pe drumul spre succes. Cu toate acestea, teama de eșec i-a paralizat pe mulți dintre cei care au fost cândva pe drumul spre măreție. Acesta este genul de teamă care te va ține treaz noaptea și îți va fi constant pe față pe tot parcursul zilei.

Frica este unul dintre cele mai puternice obstacole care îți vor apărea pe măsură ce înaintezi pe calea succesului.

Teama de a eșua nu este nimic de care să-ți fie rușine și cu siguranță nu este un semn de slăbiciune. Privește în jurul tău. Peste 90% din toate eforturile antreprenoriale și proiecte noi de afaceri eșuează, iar dintre puținele care sunt capabile să facă vreun progres, doar câteva pot fi considerate cu adevărat de succes. Și nici măcar nu trebuie să ne uităm prea departe pentru a vedea rezultatele eșecului.

Lumea este plină de pesimiști care altădată se chinuiau să reușească și nu ajungeau prea departe. De multe ori, oamenii ajung să descrie succesul ca urmare a întâmplării, deoarece mulți oameni bine educați și bine intenționați ajung să culeagă semințele amare ale eșecului.

Dar un singur eșec sau chiar mai multe eșecuri nu înseamnă că ai eșuat complet. Poți eșua doar atunci când renunți la visele tale și încetezi să mai lucrezi pentru atingerea obiectivelor tale.

Există întotdeauna o oportunitate de a-ți îmbunătăți cea mai recentă performanță.

Sunt sigur că ai auzit zicala: ”Nu se poate turna dintr-o ceașcă goală”. De aceea trebuie să înveți cum să ai grijă de tine. A rămâne motivat este o muncă internă. Și nu o vei face întotdeauna. De aceea trebuie să ai și o disciplină.

Poți face o treabă excelentă de a crea mediul potrivit și de a obține resursele necesare pentru a avea succes, dar dacă nu ai grijă de tine, nu ai o disciplină dezvoltată și bine formată, nu vei putea rămâne motivat mult timp. Este greu să te împingi să faci mai mult atunci când corpul tău se dărâmă deja sub presiune. A obține succesul în detrimentul sănătății tale nu este o idee foarte înțeleaptă. Deși este adevărat că vor trebui făcute multe sacrificii, sănătatea și relațiile tale nu ar trebui să fie una dintre ele.

În cele din urmă, va fi mult mai ușor să motivezi o minte și un corp sănătoase.

Haideți să punem o atenție deosebită acestor trei domenii care sunt adesea neglijate în căutarea succesului:

- Nutriție.
- Odihnă.
- Exerciții fizice.

Cum, când și ce mâncăm, are o influență uriașă asupra cât de bine corpul nostru va funcționa sub presiune. Este ușor să începi să-ți neglijezi dieta atunci când îți concentrezi tot timpul, energia și resursele pe a avea succes. Cumpărarea de mâncare ”nedorită” și ieftină poate fi convenabilă acum, dar, de fapt, tu nu te uiți la dezastrul costisitor care urmează. Un mare procent din bolile cu care ne confruntăm sunt, de fapt, tulburări nutriționale care ar fi putut fi prevenite dacă am fi acordat mai multă atenție dietei noastre.

Alimentele nutritive ne ajută corpul să crească, ne oferă energie și, de asemenea, ne ajută corpul să se repare singur. Pentru ca organismul nostru să funcționeze optim și să nu obosească, trebuie să consumăm cantitatea recomandată de fiecare nutrient.

Dar nu este nevoie să fii nervos în legătură cu dieta ta și să iei decizii pripite. Iată câteva sugestii simple:

- Evită alimentele bogate în grăsimi, sare și zahăr.

- Citește etichetele alimentelor înainte de a consuma produsul.

- Include alimente din fiecare grup de alimente la fiecare dintre mesele tale.

- Bea mai multă apă și mai puține băuturi carbogazoase.

- Înlocuiește-ți gustările cu opțiuni sănătoase, cum ar fi fructe proaspete sau uscate.

- Nu încerca niciodată să înlocuiești mesele cu suplimente alimentare.

Ființa umană medie are nevoie de aproximativ șapte până la nouă ore de odihnă în fiecare zi. Somnul suficient este unul dintre cele mai importante aspecte ale găsirii echilibrului corect între viața profesională și cea privată. Din păcate, omul, cu cerințele de a-și câștiga existența, de a avea grijă de familie sa și de a se strădui să-și atingă obiectivele, sacrificarea somnului poate părea singura soluție logică pentru a face totul. De fapt, unii oameni chiar argumentează că nopțile nedormite sunt sinonimele succesului.

Într-adevăr, vor trebui făcute sacrificii pentru a-ți atinge obiectivele, dar somnul nu ar trebui să fie unul dintre ele. A nu dormi suficient înseamnă că organismul tău nu va avea suficient timp să se repare și să se reîncarce. Practic, suntem ca niște baterii moarte când nu dormim suficient. Acest lucru înseamnă că mintea noastră nu va putea funcționa optim dacă suntem lipsiți de somn. Lipsa somnului este chiar legată de depresie. Cum poți motiva o minte și un corp care s-au epuizat?

Odihnește-te suficient și mintea ta va fi pregătită să-ți concepă succesul.

Există foarte puțini oameni în această lume care se bucură de exerciții fizice. Din fericire, acest număr este în continuă creștere pe măsură ce tot mai mulți oameni încep să realizeze beneficiile acestui lucru.

Senzația de oboseală și inflamat este un semn că poate ar fi necesar să facem mai multe exerciții. Unul dintre principalele motive pentru care oamenii se tem de exercițiu este că se tem că ar putea fi prea dificil. Ei presupun că trebuie să înceapă cu lucrurile grele și că treptat se va înrăutăți. Nu este chiar așa cum funcționează și nici nu este ceea ce este recomandat.

Dacă vrei să începi să faci exerciții fizice, va trebui să începi puțin cu puțin la început și să avansezi treptat la mai mult. Poți chiar să te rănești forțându-te să faci prea mult, prea curând. De asemenea, este bine să variezi antrenamentul. Monotonia nu va face decât să facă această sarcină mult mai dificilă decât trebuie să fie.

Găsește ceea ce funcționează pentru tine și angajează-ți mintea amestecând rutina. Ai fi surprins cât de bine va face simpla acțiune de a face exerciții pentru câteva minute în fiecare zi.

De fapt, iată câteva beneficii ale exercițiilor:

- Exercițiile fizice regulate ajută la întărirea oaselor.
- Persoanele care fac exerciții fizice dorm adesea mai bine noaptea.

- Starea pielii se va îmbunătăți pe măsură ce transpirați și eliminați deșeurile din pori.
- Vei fi mai capabil să-ți controlezi greutatea.
- Exercițiile fizice reduc, de asemenea, riscul de a suferi de anumite afecțiuni, cum ar fi diabetul și bolile de inimă.
- De multe ori te simți mai bine după exerciții fizice, deoarece exercițiile fizice eliberează hormoni care îți vor îmbunătăți starea de spirit.
- Exercițiile fizice regulate pot reduce stresul.

CONCLUZII

Marele Albert Einstein a fost cel care a spus odată: ”Încearcă să nu fii o persoană de succes, ci mai degrabă încearcă să devii o persoană de valoare”. Obiectivele, visele și aspirațiile noastre au un mod distractiv de a dezvălui cine suntem cu adevărat.

Amintește-ți întotdeauna că alegerile tale nu te afectează doar pe tine, ci și pe cei pe care îi iubești. Din păcate, nu vom putea niciodată să apreciem pe deplin consecințele acțiunilor noastre până nu va fi prea târziu.

Indiferent de ceea ce aspiri să devii, gândește-te mereu la modalități prin care poți adăuga valoare vieții celor din jurul tău, în special acelora pe care îi iubești. Să știi să lucrezi pentru atingerea obiectivelor tale în beneficiul celor mai apropiați asociați și al familiei tale este unul dintre cei mai mari factori de motivare.

A rămâne motivat necesită să creezi cel mai bun mediu posibil pentru tine. Acest lucru implică să te înconjori de genul de oameni care îți vor susține cu dragoste visele sau te vor ajuta să-ți dezvolți abilitățile și să acumulezi cunoștințele de care ai nevoie pentru a-ți atinge obiectivele.

A rămâne motivat și încrezător în sine necesită, de asemenea, să ai grijă de tine cât mai bine posibil. Nu te poți aștepta să obții rezultate optime dacă corpul tău este hrănit cu alimente mediocre și nu se odihnește suficient. Gândurile tale au, de asemenea, un efect puternic asupra capacității tale de a-ți îndeplini visele.

Teama de eșec te poate imobiliza și îți poate opri complet căutare succesului sau valorii tale.

De asemenea, această carte ne-a ajutat să vedem eșecul ca pe un prieten de la care putem învăța multe lecții. De fapt, te motivezi atât de mult, încât îți condiționezi mintea pentru a te face să continui să avansezi înainte, indiferent de obstacolele care ți se ivesc.

A avea succes în orice domeniu va necesita multă muncă grea. Sistemul în care trăim nu a fost conceput pentru a ne face oameni de succes. Acesta este motivul pentru care lumea este plină de oameni cărora le este prea frică să-și urmeze visele. Aceștia sunt aceiași oameni care vor căuta să te descurajeze să-ți urmezi propriile vise. De aceea, nu pot scoate în evidență îndeajuns, doar că, succesul, ca și motivația, este o muncă interioară.

Trebuie să-ți ții mereu aspirațiile în fața ta și să-ți revizuiești constant strategia pentru a-ți atinge obiectivele. Odată ce ai încredere în tine și ești motivat să urmărești un obiectiv, nu vei fi niciodată mulțumit până nu îl vei atinge. Această dorință nesățioasă de succes este ceea ce te va conduce înainte. Dar această dorință va apărea doar dacă înveți să definești succesul în propriile tale condiții.

Amintește-ți, întotdeauna, că niciunul dintre noi nu s-a născut pentru a fi normal, ci pentru a fi EXTRAORDINAR.

Alte titluri de cărți recomandate de Casian Flavius Domnariu

EL IUBEȘTE DISCIPLINA

Este o carte prin care împart cu tine procesul meu de schimbare. Sper că informația pe care ți-o ofer îți va da o idee despre cum să obții rezultate pozitive și productive pentru dezvoltarea ta personală și financiară.

TREZEȘTE-TE ȘI VISEAZĂ DIN NOU

Trezește te și visează din nou este o carte care transmite cunoștințe fructuoase, reflecții profunde și inspirație substanțială, astfel încât fiecare ființă umană să aibă posibilitatea de a face o schimbare pozitivă și productivă în viața sa, umplând-o cu liniște, prosperitate și abundență.

NOUA ECONOMIE

Antreprenorul din vechea economie este persoana care dezvoltă o afacere, asumându-și anumite riscuri cu scopul de a obține un beneficiu din activitatea pe care o desfășoară. întreprinzătorul în noua economie este un coordonator, un inovator și combină resursele necesare pentru a începe o afacere, lucrează cu oamenii potriviți și stabilește strategia și direcția activității pentru a atinge obiectivele propuse împreună cu ceilalți.

Printed in Great Britain
by Amazon

47693776R00056